Wandertagebuch

MEINE WANDERUNGEN

Dieses Buch gehört

Name

Anschrift

Telefon Mobil

E-Mail

Mein Lieblings-Wanderweg

Meine anstrengendste Wanderung

Notizen

Sollten Sie dieses Buch irgendwo auffinden, wäre ich über eine Kontaktaufnahme sehr dankbar!

ISBN: 9798610607375

Packliste für Wanderungen

Ausrüstung

- [ ] Rucksack (ca. 30 l - je nach Wanderung)
- [ ] Erste-Hilfe-Set
- [ ] Smartphone (für Hilfe im Notfall)
- [ ] Kartenmaterial
- [ ] Kompass, GPS-Naviation
- [ ] Bargeld, EC-Karte
- [ ] Ausweis, Krankenkassenkarte
- [ ] Taschenmesser / Multitool
- [ ] Müllbeutel (klein)
- [ ] Notfallnummern (siehe rechts)
- [ ] Sonnenschutz, Creme (je nach Jahreszeit)
- [ ] ____

optionale Ausrüstung

- [ ] Sitzkissen (leicht)
- [ ] Fernglas
- [ ] Wanderstöcke (je nach Tour)
- [ ] Zeckenzange, Feuerzeug
- [ ] Taschentücher, Desinfektions-mittel
- [ ] ____

Kleidung

- [ ] atmungsaktives Shirt (lang / kurzarm)
- [ ] Wanderschuhe
- [ ] Wanderhose (lang / kurz)
- [ ] leichte Wanderjacke (Regenschutz)
- [ ] Pullover / Fleecejacke
- [ ] Wandersocken
- [ ] Mütze / Handschuhe Multifunktionstuch
- [ ] ____

Verpflegung

- [ ] ausreichend Wasser (evtl. Trinkblase)
- [ ] Nüsse, Snacks
- [ ] Energieriegel (für den Notfall)
- [ ] ____

Die Liste ist nur eine Empfehlung, die eine Anregung zum Packen des Wander-Rucksacks geben soll. Natürlich muss diese an die individuellen Bedürfnisse & Wanderungen angepasst werden!

Notfallnummern

EU-Notruf 112

Deutschland	Polizei	110
	Bergwacht	112
Österreich	Polizei	113
	Bergrettung	140
Schweiz	Polizei	117
	REGA	1414
Italien	Polizei	11
	Unfallrettung	118
Frankreich	Polizei	17
	SAMU	15

Die EU-Notrufnummer
112
kann, in Notsituationen, innerhalb der EU immer verwendet werden!

Alpines Notsignal

- Hör- oder sichtbares Zeichen/Rufen *sechs Mal* in einer Minute
- nach einer Minute Pause Signal wiederholen
- Antwortzeichen erfolgt drei Mal pro Minute

Nein, wir brauchen keine Hilfe!

Ja, wir brauchen HILFE!

Kein Netz in Notsituation?

Smartphone ausschalten und beim Einschalten statt dem PIN den EU-Notruf eingeben
(nur Notrufe möglich! - immer kostenfrei innerhalb EU)

- Notruf richtig absetzen -

Wo ist es geschehen?
Genaue Angaben, Standort Smartphone, des Unfallortes und der Wettersituation

Was ist geschehen?
geneue Beschreibung dss Unfalls

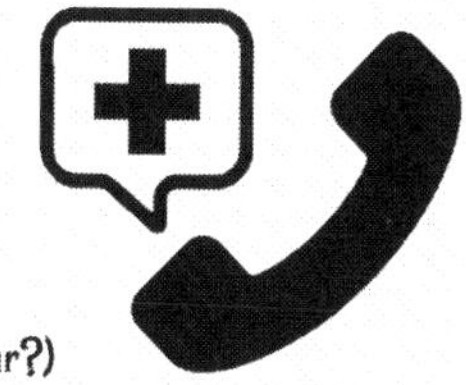

Wie viele Verletzte?
Angabe der Zahl von Verletzten

Welche Verletzungen?
Zustand, Verletzungen vor Ort schildern (Lebensgefahr?)

Wer meldet den Unfall?
Angabe des eigenen Namens mit evtl. Rückrufmöglichkeit, in der Leitung bleiben

Quelle und weitere Infos: https://www.alpenverein.de/

Hier möchte ich noch wandern

Hier möchte ich noch wandern

Meine Wanderungen im Überblick

Tour Nr.	Name der Tour Offizieller Wanderweg	Gipfel / Gebirge
1		
2		
3		
4		
5		
6		
7		
8		
9		
10		
11		
12		
13		
14		
15		
16		
17		
18		
19		
20		
21		
22		
23		
24		
25		

Meine Wanderungen im Überblick

Tour Nr.	Name der Tour Offizieller Wanderweg	Gipfel / Gebirge
26		
27		
28		
29		
30		
31		
32		
33		
34		
35		
36		
37		
38		
39		
40		
41		
42		
43		
44		
45		
46		
47		
48		
49		
50		

Tour Nr. 1

Ort / Gebirge	
Name der Tour Offizieller Wanderweg	

Datum	
Ausgangspunkt (Höhe)	
Art der Tour	
Distanz	Höhenmeter
Gesamtzeit	Begleiter

Wetter

Anstrengung

(Symbole bitte ausmalen)

Aussicht

Landschaft

Frequentierung

Zielpunkt / Zielort	
Startzeit	Ankunft am Ziel

Etappen (wenn vorhanden)

Hütten / Einkehrmöglichkeiten

Stempel / Zeichnung

Höhenprofil (am besten während der Tour ausfüllen)

Höhe in Meter

Wanderzeit in Stunden

Gesamtbewertung

Kommentar

Platz für ein Foto (ca. 9 x 13 cm), Skizzen oder Gedanken

Besonderheiten / Notizen

Tour Nr. 2

Ort / Gebirge

Name der Tour
Offizieller Wanderweg

Datum

Ausgangspunkt (Höhe)

Art der Tour

Distanz	Höhenmeter
Gesamtzeit	Begleiter

Wetter

Anstrengung

(Symbole bitte ausmalen)

Aussicht

Landschaft

Frequentierung

Zielpunkt / Zielort

Startzeit	Ankunft am Ziel

Etappen (wenn vorhanden)

Hütten / Einkehrmöglichkeiten

Stempel / Zeichnung

Höhenprofil (am besten während der Tour ausfüllen)

Höhe in Meter

Wanderzeit in Stunden

Gesamtbewertung

Kommentar

Platz für ein Foto (ca. 9 x 13 cm), Skizzen oder Gedanken

Besonderheiten / Notizen

Tour Nr. 3

Ort / Gebirge

Name der Tour
Offizieller Wanderweg

Datum	
Ausgangspunkt (Höhe)	
Art der Tour	
Distanz	Höhenmeter
Gesamtzeit	Begleiter

Wetter

Anstrengung

(Symbole bitte ausmalen)

Aussicht

Landschaft

Frequentierung

Zielpunkt / Zielort	
Startzeit	Ankunft am Ziel

Etappen (wenn vorhanden)

Hütten / Einkehrmöglichkeiten

Stempel / Zeichnung

Höhenprofil (am besten während der Tour ausfüllen)

Höhe in Meter

Wanderzeit in Stunden

Gesamtbewertung

Kommentar

Platz für ein Foto (ca. 9 x 13 cm), Skizzen oder Gedanken

Besonderheiten / Notizen

Tour Nr. 4

Ort / Gebirge	
Name der Tour Offizieller Wanderweg	

Datum	
Ausgangspunkt (Höhe)	
Art der Tour	
Distanz	Höhenmeter
Gesamtzeit	Begleiter

Wetter ○ ○ ○ ○

Anstrengung ○ ○ ○

(Symbole bitte ausmalen)

Aussicht

Landschaft

Frequentierung

Zielpunkt / Zielort	
Startzeit	Ankunft am Ziel

Etappen (wenn vorhanden)

Hütten / Einkehrmöglichkeiten

Stempel / Zeichnung

Höhenprofil (am besten während der Tour ausfüllen)

Höhe in Meter

Wanderzeit in Stunden

Gesamtbewertung

Kommentar

Platz für ein Foto (ca. 9 x 13 cm), Skizzen oder Gedanken

Besonderheiten / Notizen

Tour Nr. 5

Ort / Gebirge	
Name der Tour Offizieller Wanderweg	

Datum	
Ausgangspunkt (Höhe)	
Art der Tour	
Distanz	Höhenmeter
Gesamtzeit	Begleiter

Wetter

Anstrengung

(Symbole bitte ausmalen)

Aussicht

Landschaft

Frequentierung

Zielpunkt / Zielort	
Startzeit	Ankunft am Ziel

Etappen (wenn vorhanden)

Hütten / Einkehrmöglichkeiten

Stempel / Zeichnung

Höhenprofil (am besten während der Tour ausfüllen)

Höhe in Meter

Wanderzeit in Stunden

Gesamtbewertung

Kommentar

Platz für ein Foto (ca. 9 x 13 cm), Skizzen oder Gedanken

Besonderheiten / Notizen

Tour Nr. 6

Ort / Gebirge

Name der Tour
Offizieller Wanderweg

Datum

Ausgangspunkt (Höhe)

Art der Tour

Distanz | Höhenmeter

Gesamtzeit | Begleiter

Wetter

Anstrengung

(Symbole bitte ausmalen)

Aussicht

Landschaft

Frequentierung

Zielpunkt / Zielort

Startzeit | Ankunft am Ziel

Etappen (wenn vorhanden)

Hütten / Einkehrmöglichkeiten

Stempel / Zeichnung

Höhenprofil (am besten während der Tour ausfüllen)

Höhe in Meter

Wanderzeit in Stunden

Gesamtbewertung

Kommentar

Platz für ein Foto (ca. 9 x 13 cm), Skizzen oder Gedanken

Besonderheiten / Notizen

Tour Nr. 7

Ort / Gebirge	
Name der Tour Offizieller Wanderweg	

Datum	
Ausgangspunkt (Höhe)	
Art der Tour	
Distanz	Höhenmeter
Gesamtzeit	Begleiter

Wetter

Anstrengung

(Symbole bitte ausmalen)

Aussicht

Landschaft

Frequentierung

Zielpunkt / Zielort	
Startzeit	Ankunft am Ziel

Etappen (wenn vorhanden)

Hütten / Einkehrmöglichkeiten

Stempel / Zeichnung

Höhenprofil (am besten während der Tour ausfüllen)

Höhe in Meter

Wanderzeit in Stunden

Gesamtbewertung

Kommentar

Platz für ein Foto (ca. 9 x 13 cm), Skizzen oder Gedanken

Besonderheiten / Notizen

Tour Nr. 8

Ort / Gebirge

Name der Tour
Offizieller Wanderweg

Datum	
Ausgangspunkt (Höhe)	
Art der Tour	
Distanz	Höhenmeter
Gesamtzeit	Begleiter

Wetter

Anstrengung

(Symbole bitte ausmalen)

Aussicht

Landschaft

Frequentierung

Zielpunkt / Zielort	
Startzeit	Ankunft am Ziel

Etappen (wenn vorhanden)

Hütten / Einkehrmöglichkeiten

Stempel / Zeichnung

Höhenprofil (am besten während der Tour ausfüllen)

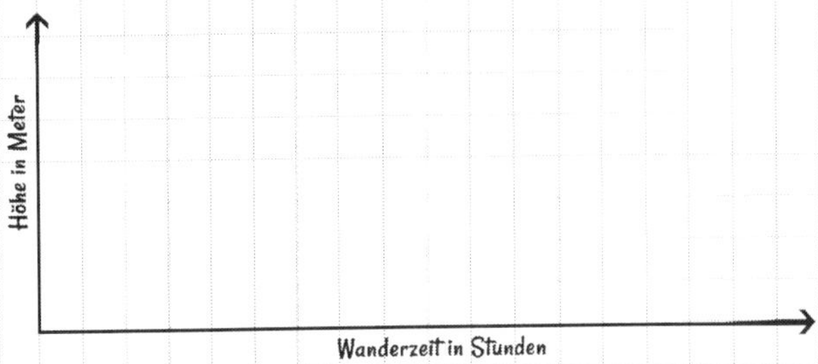

Gesamtbewertung

Kommentar

Platz für ein Foto (ca. 9 x 13 cm), Skizzen oder Gedanken

Besonderheiten / Notizen

Tour Nr. 9

Ort / Gebirge

Name der Tour
Offizieller Wanderweg

Datum	
Ausgangspunkt (Höhe)	
Art der Tour	
Distanz	Höhenmeter
Gesamtzeit	Begleiter

Wetter

Anstrengung

(Symbole bitte ausmalen)

Aussicht

Landschaft

Frequentierung

Zielpunkt / Zielort	
Startzeit	Ankunft am Ziel

Etappen (wenn vorhanden)

Hütten / Einkehrmöglichkeiten

Stempel / Zeichnung

Höhenprofil (am besten während der Tour ausfüllen)

Höhe in Meter

Wanderzeit in Stunden

Gesamtbewertung

Kommentar

Platz für ein Foto (ca. 9 x 13 cm), Skizzen oder Gedanken

Besonderheiten / Notizen

Tour Nr.10

Ort / Gebirge	
Name der Tour Offizieller Wanderweg	

Datum	
Ausgangspunkt (Höhe)	
Art der Tour	
Distanz	Höhenmeter
Gesamtzeit	Begleiter

Wetter

Anstrengung

(Symbole bitte ausmalen)

Aussicht

Landschaft

Frequentierung

Zielpunkt / Zielort	
Startzeit	Ankunft am Ziel

Etappen (wenn vorhanden)

Hütten / Einkehrmöglichkeiten

Stempel / Zeichnung

Höhenprofil (am besten während der Tour ausfüllen)

Höhe in Meter

Wanderzeit in Stunden

Gesamtbewertung

Kommentar

Platz für ein Foto (ca. 9 x 13 cm), Skizzen oder Gedanken

Besonderheiten / Notizen

Tour Nr. 11

Ort / Gebirge	
Name der Tour Offizieller Wanderweg	

Datum	
Ausgangspunkt (Höhe)	
Art der Tour	
Distanz	Höhenmeter
Gesamtzeit	Begleiter

Wetter

Anstrengung

(Symbole bitte ausmalen)

Aussicht

Landschaft

Frequentierung

Zielpunkt / Zielort	
Startzeit	Ankunft am Ziel

Etappen (wenn vorhanden)

Hütten / Einkehrmöglichkeiten

Stempel / Zeichnung

Höhenprofil (am besten während der Tour ausfüllen)

Höhe in Meter

Wanderzeit in Stunden

Gesamtbewertung

Kommentar

Platz für ein Foto (ca. 9 x 13 cm), Skizzen oder Gedanken

Besonderheiten / Notizen

Tour Nr.12

Ort / Gebirge

Name der Tour
Offizieller Wanderweg

Datum	
Ausgangspunkt (Höhe)	
Art der Tour	
Distanz	Höhenmeter
Gesamtzeit	Begleiter

Wetter

Anstrengung

(Symbole bitte ausmalen)

Aussicht

Landschaft

Frequentierung

Zielpunkt / Zielort	
Startzeit	Ankunft am Ziel

Etappen (wenn vorhanden)

Hütten / Einkehrmöglichkeiten

Stempel / Zeichnung

Höhenprofil (am besten während der Tour ausfüllen)

Höhe in Meter

Wanderzeit in Stunden

Gesamtbewertung

Kommentar

Platz für ein Foto (ca. 9 x 13 cm), Skizzen oder Gedanken

Besonderheiten / Notizen

Tour Nr.13

Ort / Gebirge

Name der Tour
Offizieller Wanderweg

Datum	
Ausgangspunkt (Höhe)	
Art der Tour	
Distanz	Höhenmeter
Gesamtzeit	Begleiter

Wetter

Anstrengung

(Symbole bitte ausmalen)

Aussicht

Landschaft

Frequentierung

Zielpunkt / Zielort	
Startzeit	Ankunft am Ziel

Etappen (wenn vorhanden)

Hütten / Einkehrmöglichkeiten

Stempel / Zeichnung

Höhenprofil (am besten während der Tour ausfüllen)

Höhe in Meter

Wanderzeit in Stunden

Gesamtbewertung

Kommentar

Platz für ein Foto (ca. 9 x 13 cm), Skizzen oder Gedanken

Besonderheiten / Notizen

Tour Nr.14

Ort / Gebirge

Name der Tour
Offizieller Wanderweg

Datum

Ausgangspunkt (Höhe)

Art der Tour

Distanz	Höhenmeter
Gesamtzeit	Begleiter

Wetter

Anstrengung

(Symbole bitte ausmalen)

Aussicht

Landschaft

Frequentierung

Zielpunkt / Zielort

Startzeit	Ankunft am Ziel

Etappen (wenn vorhanden)

Hütten / Einkehrmöglichkeiten

Stempel / Zeichnung

Höhenprofil (am besten während der Tour ausfüllen)

Höhe in Meter

Wanderzeit in Stunden

Gesamtbewertung

Kommentar

Platz für ein Foto (ca. 9 x 13 cm), Skizzen oder Gedanken

Besonderheiten / Notizen

Tour Nr.15

Ort / Gebirge

Name der Tour
Offizieller Wanderweg

Datum	
Ausgangspunkt (Höhe)	
Art der Tour	
Distanz	Höhenmeter
Gesamtzeit	Begleiter

Wetter

Anstrengung

(Symbole bitte ausmalen)

Aussicht

Landschaft

Frequentierung

Zielpunkt / Zielort	
Startzeit	Ankunft am Ziel

Etappen (wenn vorhanden)

Hütten / Einkehrmöglichkeiten

Stempel / Zeichnung

Höhenprofil (am besten während der Tour ausfüllen)

Höhe in Meter

Wanderzeit in Stunden

Gesamtbewertung

Kommentar

Platz für ein Foto (ca. 9 x 13 cm), Skizzen oder Gedanken

Besonderheiten / Notizen

Tour Nr.16

Ort / Gebirge

Name der Tour
Offizieller Wanderweg

Datum

Ausgangspunkt (Höhe)

Art der Tour

Distanz	Höhenmeter
Gesamtzeit	Begleiter

Wetter

Anstrengung

(Symbole bitte ausmalen)

Aussicht

Landschaft

Frequentierung

Zielpunkt / Zielort

Startzeit	Ankunft am Ziel

Etappen (wenn vorhanden)

Hütten / Einkehrmöglichkeiten

Stempel / Zeichnung

Höhenprofil (am besten während der Tour ausfüllen)

Höhe in Meter

Wanderzeit in Stunden

Gesamtbewertung

Kommentar

Platz für ein Foto (ca. 9 x 13 cm), Skizzen oder Gedanken

Besonderheiten / Notizen

Tour Nr.17

Ort / Gebirge	
Name der Tour Offizieller Wanderweg	

Datum	
Ausgangspunkt (Höhe)	
Art der Tour	
Distanz	Höhenmeter
Gesamtzeit	Begleiter

Wetter

Anstrengung

(Symbole bitte ausmalen)

Aussicht

Landschaft

Frequentierung

Zielpunkt / Zielort	
Startzeit	Ankunft am Ziel

Etappen (wenn vorhanden)

Hütten / Einkehrmöglichkeiten

Stempel / Zeichnung

Höhenprofil (am besten während der Tour ausfüllen)

Höhe in Meter

Wanderzeit in Stunden

Gesamtbewertung

Kommentar

Platz für ein Foto (ca. 9 x 13 cm), Skizzen oder Gedanken

Besonderheiten / Notizen

Tour Nr.18

Ort / Gebirge

Name der Tour
Offizieller Wanderweg

Datum	
Ausgangspunkt (Höhe)	
Art der Tour	
Distanz	Höhenmeter
Gesamtzeit	Begleiter

Wetter

Anstrengung

(Symbole bitte ausmalen)

Aussicht

Landschaft

Frequentierung

Zielpunkt / Zielort	
Startzeit	Ankunft am Ziel

Etappen (wenn vorhanden)

Hütten / Einkehrmöglichkeiten

Stempel / Zeichnung

Höhenprofil (am besten während der Tour ausfüllen)

Höhe in Meter

Wanderzeit in Stunden

Gesamtbewertung

Kommentar

Platz für ein Foto (ca. 9 x 13 cm), Skizzen oder Gedanken

Besonderheiten / Notizen

Tour Nr.19

Ort / Gebirge	
Name der Tour Offizieller Wanderweg	

Datum	
Ausgangspunkt (Höhe)	
Art der Tour	
Distanz	Höhenmeter
Gesamtzeit	Begleiter

Wetter

Anstrengung

(Symbole bitte ausmalen)

Aussicht

Landschaft

Frequentierung

Zielpunkt / Zielort	
Startzeit	Ankunft am Ziel

Etappen (wenn vorhanden)

Hütten / Einkehrmöglichkeiten

Stempel / Zeichnung

Höhenprofil (am besten während der Tour ausfüllen)

Höhe in Meter

Wanderzeit in Stunden

Gesamtbewertung

Kommentar

Platz für ein Foto (ca. 9 x 13 cm), Skizzen oder Gedanken

Besonderheiten / Notizen

Tour Nr.20

Ort / Gebirge

Name der Tour
Offizieller Wanderweg

Datum	
Ausgangspunkt (Höhe)	
Art der Tour	
Distanz	Höhenmeter
Gesamtzeit	Begleiter

Wetter

Anstrengung

(Symbole bitte ausmalen)

Aussicht

Landschaft

Frequentierung

Zielpunkt / Zielort	
Startzeit	Ankunft am Ziel

Etappen (wenn vorhanden)

Hütten / Einkehrmöglichkeiten

Stempel / Zeichnung

Höhenprofil (am besten während der Tour ausfüllen)

Höhe in Meter

Wanderzeit in Stunden

Gesamtbewertung

Kommentar

Platz für ein Foto (ca. 9 x 13 cm), Skizzen oder Gedanken

Besonderheiten / Notizen

Tour Nr. 21

Ort / Gebirge	
Name der Tour Offizieller Wanderweg	

Datum	
Ausgangspunkt (Höhe)	
Art der Tour	
Distanz	Höhenmeter
Gesamtzeit	Begleiter

Wetter

Anstrengung

(Symbole bitte ausmalen)

Aussicht

Landschaft

Frequentierung

Zielpunkt / Zielort	
Startzeit	Ankunft am Ziel

Etappen (wenn vorhanden)

Hütten / Einkehrmöglichkeiten

Stempel / Zeichnung

Höhenprofil (am besten während der Tour ausfüllen)

Höhe in Meter

Wanderzeit in Stunden

Gesamtbewertung

Kommentar

Platz für ein Foto (ca. 9 x 13 cm), Skizzen oder Gedanken

Besonderheiten / Notizen

Tour Nr.22

Ort / Gebirge	
Name der Tour Offizieller Wanderweg	

Datum	
Ausgangspunkt (Höhe)	
Art der Tour	
Distanz	Höhenmeter
Gesamtzeit	Begleiter

Wetter

Anstrengung

(Symbole bitte ausmalen)

Aussicht

Landschaft

Frequentierung

Zielpunkt / Zielort	
Startzeit	Ankunft am Ziel

Etappen (wenn vorhanden)

Hütten / Einkehrmöglichkeiten

Stempel / Zeichnung

Höhenprofil (am besten während der Tour ausfüllen)

Höhe in Meter

Wanderzeit in Stunden

Gesamtbewertung

Kommentar

Platz für ein Foto (ca. 9 x 13 cm), Skizzen oder Gedanken

Besonderheiten / Notizen

Tour Nr.23

Ort / Gebirge

Name der Tour
Offizieller Wanderweg

Datum

Ausgangspunkt (Höhe)

Art der Tour

Distanz | Höhenmeter

Gesamtzeit | Begleiter

Wetter

Anstrengung

(Symbole bitte ausmalen)

Aussicht

Landschaft

Frequentierung

Zielpunkt / Zielort

Startzeit | Ankunft am Ziel

Etappen (wenn vorhanden)

Hütten / Einkehrmöglichkeiten

Stempel / Zeichnung

Höhenprofil (am besten während der Tour ausfüllen)

Höhe in Meter

Wanderzeit in Stunden

Gesamtbewertung

Kommentar

Platz für ein Foto (ca. 9 x 13 cm), Skizzen oder Gedanken

Besonderheiten / Notizen

Tour Nr.24

Ort / Gebirge

Name der Tour
Offizieller Wanderweg

Datum

Ausgangspunkt (Höhe)

Art der Tour

Distanz	Höhenmeter
Gesamtzeit	Begleiter

Wetter

Anstrengung

(Symbole bitte ausmalen)

Aussicht

Landschaft

Frequentierung

Zielpunkt / Zielort

Startzeit	Ankunft am Ziel

Etappen (wenn vorhanden)

Hütten / Einkehrmöglichkeiten

Stempel / Zeichnung

Höhenprofil (am besten während der Tour ausfüllen)

Höhe in Meter

Wanderzeit in Stunden

Gesamtbewertung

Kommentar

Platz für ein Foto (ca. 9 x 13 cm), Skizzen oder Gedanken

Besonderheiten / Notizen

Tour Nr. 25

Ort / Gebirge

Name der Tour
Offizieller Wanderweg

Datum

Ausgangspunkt (Höhe)

Art der Tour

Distanz	Höhenmeter
Gesamtzeit	Begleiter

Wetter

Anstrengung

(Symbole bitte ausmalen)

Aussicht

Landschaft

Frequentierung

Zielpunkt / Zielort

Startzeit	Ankunft am Ziel

Etappen (wenn vorhanden)

Hütten / Einkehrmöglichkeiten

Stempel / Zeichnung

Höhenprofil (am besten während der Tour ausfüllen)

Höhe in Meter

Wanderzeit in Stunden

Gesamtbewertung

Kommentar

Platz für ein Foto (ca. 9 x 13 cm), Skizzen oder Gedanken

Besonderheiten / Notizen

Tour Nr.26

Ort / Gebirge

Name der Tour
Offizieller Wanderweg

Datum	
Ausgangspunkt (Höhe)	
Art der Tour	
Distanz	Höhenmeter
Gesamtzeit	Begleiter

Wetter

Anstrengung

(Symbole bitte ausmalen)

Aussicht

Landschaft

Frequentierung

Zielpunkt / Zielort	
Startzeit	Ankunft am Ziel

Etappen (wenn vorhanden)

Hütten / Einkehrmöglichkeiten

Stempel / Zeichnung

Höhenprofil (am besten während der Tour ausfüllen)

Höhe in Meter

Wanderzeit in Stunden

Gesamtbewertung

Kommentar

Platz für ein Foto (ca. 9 x 13 cm), Skizzen oder Gedanken

Besonderheiten / Notizen

Tour Nr. 27

Ort / Gebirge

Name der Tour
Offizieller Wanderweg

Datum	
Ausgangspunkt (Höhe)	
Art der Tour	
Distanz	Höhenmeter
Gesamtzeit	Begleiter

Wetter

Anstrengung

(Symbole bitte ausmalen)

Aussicht

Landschaft

Frequentierung

Zielpunkt / Zielort	
Startzeit	Ankunft am Ziel

Etappen (wenn vorhanden)

Hütten / Einkehrmöglichkeiten

Stempel / Zeichnung

Höhenprofil (am besten während der Tour ausfüllen)

Höhe in Meter

Wanderzeit in Stunden

Gesamtbewertung

Kommentar

Platz für ein Foto (ca. 9 x 13 cm), Skizzen oder Gedanken

Besonderheiten / Notizen

Tour Nr.28

Ort / Gebirge

Name der Tour
Offizieller Wanderweg

Datum	
Ausgangspunkt (Höhe)	
Art der Tour	
Distanz	Höhenmeter
Gesamtzeit	Begleiter

Wetter

Anstrengung

(Symbole bitte ausmalen)

Aussicht

Landschaft

Frequentierung

Zielpunkt / Zielort	
Startzeit	Ankunft am Ziel

Etappen (wenn vorhanden)

Hütten / Einkehrmöglichkeiten

Stempel / Zeichnung

Höhenprofil (am besten während der Tour ausfüllen)

Höhe in Meter

Wanderzeit in Stunden

Gesamtbewertung

Kommentar

Platz für ein Foto (ca. 9 x 13 cm), Skizzen oder Gedanken

Besonderheiten / Notizen

Tour Nr.29

Ort / Gebirge

Name der Tour
Offizieller Wanderweg

Datum	
Ausgangspunkt (Höhe)	
Art der Tour	
Distanz	Höhenmeter
Gesamtzeit	Begleiter

Wetter

Anstrengung

(Symbole bitte ausmalen)

Aussicht

Landschaft

Frequentierung

Zielpunkt / Zielort	
Startzeit	Ankunft am Ziel

Etappen (wenn vorhanden)

Hütten / Einkehrmöglichkeiten

Stempel / Zeichnung

Höhenprofil (am besten während der Tour ausfüllen)

Höhe in Meter

Wanderzeit in Stunden

Gesamtbewertung

Kommentar

Platz für ein Foto (ca. 9 x 13 cm), Skizzen oder Gedanken

Besonderheiten / Notizen

Tour Nr.30

Ort / Gebirge

Name der Tour
Offizieller Wanderweg

Datum

Ausgangspunkt (Höhe)

Art der Tour

Distanz | Höhenmeter

Gesamtzeit | Begleiter

Wetter

Anstrengung

(Symbole bitte ausmalen)

Aussicht

Landschaft

Frequentierung

Zielpunkt / Zielort

Startzeit | Ankunft am Ziel

Etappen (wenn vorhanden)

Hütten / Einkehrmöglichkeiten

Stempel / Zeichnung

Höhenprofil (am besten während der Tour ausfüllen)

Höhe in Meter

Wanderzeit in Stunden

Gesamtbewertung

Kommentar

Platz für ein Foto (ca. 9 x 13 cm), Skizzen oder Gedanken

Besonderheiten / Notizen

Tour Nr. 31

Ort / Gebirge

Name der Tour
Offizieller Wanderweg

Datum	
Ausgangspunkt (Höhe)	
Art der Tour	
Distanz	Höhenmeter
Gesamtzeit	Begleiter

Wetter

Anstrengung

(Symbole bitte ausmalen)

Aussicht

Landschaft

Frequentierung

Zielpunkt / Zielort	
Startzeit	Ankunft am Ziel

Etappen (wenn vorhanden)

Hütten / Einkehrmöglichkeiten

Stempel / Zeichnung

Höhenprofil (am besten während der Tour ausfüllen)

Höhe in Meter

Wanderzeit in Stunden

Gesamtbewertung

Kommentar

Platz für ein Foto (ca. 9 x 13 cm), Skizzen oder Gedanken

Besonderheiten / Notizen

Tour Nr.32

Ort / Gebirge

Name der Tour
Offizieller Wanderweg

Datum

Ausgangspunkt (Höhe)

Art der Tour

Distanz	Höhenmeter
Gesamtzeit	Begleiter

Wetter

Anstrengung

(Symbole bitte ausmalen)

Aussicht

Landschaft

Frequentierung

Zielpunkt / Zielort

Startzeit	Ankunft am Ziel

Etappen (wenn vorhanden)

Hütten / Einkehrmöglichkeiten

Stempel / Zeichnung

Höhenprofil (am besten während der Tour ausfüllen)

Höhe in Meter

Wanderzeit in Stunden

Gesamtbewertung

Kommentar

Platz für ein Foto (ca. 9 x 13 cm), Skizzen oder Gedanken

Besonderheiten / Notizen

Tour Nr.33

Ort / Gebirge

Name der Tour
Offizieller Wanderweg

Datum

Ausgangspunkt (Höhe)

Art der Tour

Distanz | Höhenmeter

Gesamtzeit | Begleiter

Wetter

Anstrengung

(Symbole bitte ausmalen)

Aussicht

Landschaft

Frequentierung

Zielpunkt / Zielort

Startzeit | Ankunft am Ziel

Etappen (wenn vorhanden)

Hütten / Einkehrmöglichkeiten

Stempel / Zeichnung

Höhenprofil (am besten während der Tour ausfüllen)

Höhe in Meter

Wanderzeit in Stunden

Gesamtbewertung

Kommentar

Platz für ein Foto (ca. 9 x 13 cm), Skizzen oder Gedanken

Besonderheiten / Notizen

Tour Nr.34

Ort / Gebirge	
Name der Tour Offizieller Wanderweg	

Datum	
Ausgangspunkt (Höhe)	
Art der Tour	
Distanz	Höhenmeter
Gesamtzeit	Begleiter

Wetter

Anstrengung

(Symbole bitte ausmalen)

Aussicht

Landschaft

Frequentierung

Zielpunkt / Zielort	
Startzeit	Ankunft am Ziel

Etappen (wenn vorhanden)

Hütten / Einkehrmöglichkeiten

Stempel / Zeichnung

Höhenprofil (am besten während der Tour ausfüllen)

Höhe in Meter

Wanderzeit in Stunden

Gesamtbewertung

Kommentar

Platz für ein Foto (ca. 9 x 13 cm), Skizzen oder Gedanken

Besonderheiten / Notizen

Tour Nr.35

Ort / Gebirge

Name der Tour
Offizieller Wanderweg

Datum	
Ausgangspunkt (Höhe)	
Art der Tour	
Distanz	Höhenmeter
Gesamtzeit	Begleiter

Wetter

Anstrengung

(Symbole bitte ausmalen)

Aussicht

Landschaft

Frequentierung

Zielpunkt / Zielort	
Startzeit	Ankunft am Ziel

Etappen (wenn vorhanden)

Hütten / Einkehrmöglichkeiten

Stempel / Zeichnung

Höhenprofil (am besten während der Tour ausfüllen)

Höhe in Meter

Wanderzeit in Stunden

Gesamtbewertung

Kommentar

Platz für ein Foto (ca. 9 x 13 cm), Skizzen oder Gedanken

Besonderheiten / Notizen

Tour Nr.36

Ort / Gebirge	
Name der Tour Offizieller Wanderweg	

Datum	
Ausgangspunkt (Höhe)	
Art der Tour	
Distanz	Höhenmeter
Gesamtzeit	Begleiter

Wetter

Anstrengung

(Symbole bitte ausmalen)

Aussicht

Landschaft

Frequentierung

Zielpunkt / Zielort	
Startzeit	Ankunft am Ziel

Etappen (wenn vorhanden)

Hütten / Einkehrmöglichkeiten

Stempel / Zeichnung

Höhenprofil (am besten während der Tour ausfüllen)

Höhe in Meter

Wanderzeit in Stunden

Gesamtbewertung

Kommentar

Platz für ein Foto (ca. 9 x 13 cm), Skizzen oder Gedanken

Besonderheiten / Notizen

Tour Nr.37

Ort / Gebirge

Name der Tour
Offizieller Wanderweg

Datum

Ausgangspunkt (Höhe)

Art der Tour

Distanz | Höhenmeter

Gesamtzeit | Begleiter

Wetter

Anstrengung

(Symbole bitte ausmalen)

Aussicht

Landschaft

Frequentierung

Zielpunkt / Zielort

Startzeit | Ankunft am Ziel

Etappen (wenn vorhanden)

Hütten / Einkehrmöglichkeiten

Stempel / Zeichnung

Höhenprofil (am besten während der Tour ausfüllen)

Höhe in Meter

Wanderzeit in Stunden

Gesamtbewertung

Kommentar

Platz für ein Foto (ca. 9 x 13 cm), Skizzen oder Gedanken

Besonderheiten / Notizen

Tour Nr.38

Ort / Gebirge	
Name der Tour Offizieller Wanderweg	

Datum	
Ausgangspunkt (Höhe)	
Art der Tour	
Distanz	Höhenmeter
Gesamtzeit	Begleiter

Wetter

Anstrengung

(Symbole bitte ausmalen)

Aussicht

Landschaft

Frequentierung

Zielpunkt / Zielort	
Startzeit	Ankunft am Ziel

Etappen (wenn vorhanden)

Hütten / Einkehrmöglichkeiten

Stempel / Zeichnung

Höhenprofil (am besten während der Tour ausfüllen)

Höhe in Meter

Wanderzeit in Stunden

Gesamtbewertung

Kommentar

Platz für ein Foto (ca. 9 x 13 cm), Skizzen oder Gedanken

Besonderheiten / Notizen

Tour Nr.39

Ort / Gebirge	
Name der Tour Offizieller Wanderweg	

Datum	
Ausgangspunkt (Höhe)	
Art der Tour	
Distanz	Höhenmeter
Gesamtzeit	Begleiter

Wetter

Anstrengung

(Symbole bitte ausmalen)

Aussicht

Landschaft

Frequentierung

Zielpunkt / Zielort	
Startzeit	Ankunft am Ziel

Etappen (wenn vorhanden)

Hütten / Einkehrmöglichkeiten

Stempel / Zeichnung

Höhenprofil (am besten während der Tour ausfüllen)

Höhe in Meter

Wanderzeit in Stunden

Gesamtbewertung

Kommentar

Platz für ein Foto (ca. 9 x 13 cm), Skizzen oder Gedanken

Besonderheiten / Notizen

Tour Nr.40

Ort / Gebirge

Name der Tour
Offizieller Wanderweg

Datum	
Ausgangspunkt (Höhe)	
Art der Tour	
Distanz	Höhenmeter
Gesamtzeit	Begleiter

Wetter

Anstrengung

(Symbole bitte ausmalen)

Aussicht

Landschaft

Frequentierung

Zielpunkt / Zielort	
Startzeit	Ankunft am Ziel

Etappen (wenn vorhanden)

Hütten / Einkehrmöglichkeiten

Stempel / Zeichnung

Höhenprofil (am besten während der Tour ausfüllen)

Höhe in Meter

Wanderzeit in Stunden

Gesamtbewertung

Kommentar

Platz für ein Foto (ca. 9 x 13 cm), Skizzen oder Gedanken

Besonderheiten / Notizen

Tour Nr. 41

Ort / Gebirge

Name der Tour
Offizieller Wanderweg

Datum	
Ausgangspunkt (Höhe)	
Art der Tour	
Distanz	Höhenmeter
Gesamtzeit	Begleiter

Wetter

Anstrengung

(Symbole bitte ausmalen)

Aussicht

Landschaft

Frequentierung

Zielpunkt / Zielort	
Startzeit	Ankunft am Ziel

Etappen (wenn vorhanden)

Hütten / Einkehrmöglichkeiten

Stempel / Zeichnung

Höhenprofil (am besten während der Tour ausfüllen)

Höhe in Meter

Wanderzeit in Stunden

Gesamtbewertung

Kommentar

Platz für ein Foto (ca. 9 x 13 cm), Skizzen oder Gedanken

Besonderheiten / Notizen

Tour Nr.42

Ort / Gebirge

Name der Tour
Offizieller Wanderweg

Datum	
Ausgangspunkt (Höhe)	
Art der Tour	
Distanz	Höhenmeter
Gesamtzeit	Begleiter

Wetter

Anstrengung

(Symbole bitte ausmalen)

Aussicht

Landschaft

Frequentierung

Zielpunkt / Zielort	
Startzeit	Ankunft am Ziel

Etappen (wenn vorhanden)

Hütten / Einkehrmöglichkeiten

Stempel / Zeichnung

Höhenprofil (am besten während der Tour ausfüllen)

Höhe in Meter

Wanderzeit in Stunden

Gesamtbewertung

Kommentar

Platz für ein Foto (ca. 9 x 13 cm), Skizzen oder Gedanken

Besonderheiten / Notizen

Tour Nr.43

Ort / Gebirge	
Name der Tour Offizieller Wanderweg	

Datum	
Ausgangspunkt (Höhe)	
Art der Tour	
Distanz	Höhenmeter
Gesamtzeit	Begleiter

Wetter ○ ○ ○ ○

Anstrengung ○ ○ ○

(Symbole bitte ausmalen)

Aussicht

Landschaft

Frequentierung

Zielpunkt / Zielort	
Startzeit	Ankunft am Ziel

Etappen (wenn vorhanden)

Hütten / Einkehrmöglichkeiten

Stempel / Zeichnung

Höhenprofil (am besten während der Tour ausfüllen)

Höhe in Meter

Wanderzeit in Stunden

Gesamtbewertung

Kommentar

Platz für ein Foto (ca. 9 x 13 cm), Skizzen oder Gedanken

Besonderheiten / Notizen

Tour Nr.44

Ort / Gebirge	
Name der Tour Offizieller Wanderweg	

Datum	
Ausgangspunkt (Höhe)	
Art der Tour	
Distanz	Höhenmeter
Gesamtzeit	Begleiter

Wetter

Anstrengung

(Symbole bitte ausmalen)

Aussicht

Landschaft

Frequentierung

Zielpunkt / Zielort	
Startzeit	Ankunft am Ziel

Etappen (wenn vorhanden)

Hütten / Einkehrmöglichkeiten

Stempel / Zeichnung

Höhenprofil (am besten während der Tour ausfüllen)

Höhe in Meter

Wanderzeit in Stunden

Gesamtbewertung

Kommentar

Platz für ein Foto (ca. 9 x 13 cm), Skizzen oder Gedanken

Besonderheiten / Notizen

Tour Nr.45

Ort / Gebirge

Name der Tour
Offizieller Wanderweg

Datum	
Ausgangspunkt (Höhe)	
Art der Tour	
Distanz	Höhenmeter
Gesamtzeit	Begleiter

Wetter

Anstrengung

(Symbole bitte ausmalen)

Aussicht

Landschaft

Frequentierung

Zielpunkt / Zielort	
Startzeit	Ankunft am Ziel

Etappen (wenn vorhanden)

Hütten / Einkehrmöglichkeiten

Stempel / Zeichnung

Höhenprofil (am besten während der Tour ausfüllen)

Höhe in Meter

Wanderzeit in Stunden

Gesamtbewertung

Kommentar

Platz für ein Foto (ca. 9 x 13 cm), Skizzen oder Gedanken

Besonderheiten / Notizen

Tour Nr.46

Ort / Gebirge	
Name der Tour Offizieller Wanderweg	

Datum	
Ausgangspunkt (Höhe)	
Art der Tour	
Distanz	Höhenmeter
Gesamtzeit	Begleiter

Wetter

Anstrengung

(Symbole bitte ausmalen)

Aussicht

Landschaft

Frequentierung

Zielpunkt / Zielort	
Startzeit	Ankunft am Ziel

Etappen (wenn vorhanden)

Hütten / Einkehrmöglichkeiten

Stempel / Zeichnung

Höhenprofil (am besten während der Tour ausfüllen)

Höhe in Meter

Wanderzeit in Stunden

Gesamtbewertung

Kommentar

Platz für ein Foto (ca. 9 x 13 cm), Skizzen oder Gedanken

Besonderheiten / Notizen

Tour Nr.47

Ort / Gebirge	
Name der Tour Offizieller Wanderweg	

Datum	
Ausgangspunkt (Höhe)	
Art der Tour	
Distanz	Höhenmeter
Gesamtzeit	Begleiter

Wetter

Anstrengung

(Symbole bitte ausmalen)

Aussicht

Landschaft

Frequentierung

Zielpunkt / Zielort	
Startzeit	Ankunft am Ziel

Etappen (wenn vorhanden)

Hütten / Einkehrmöglichkeiten

Stempel / Zeichnung

Höhenprofil (am besten während der Tour ausfüllen)

Höhe in Meter

Wanderzeit in Stunden

Gesamtbewertung

Kommentar

Platz für ein Foto (ca. 9 x 13 cm), Skizzen oder Gedanken

Besonderheiten / Notizen

Tour Nr.48

Ort / Gebirge

Name der Tour
Offizieller Wanderweg

Datum	
Ausgangspunkt (Höhe)	
Art der Tour	
Distanz	Höhenmeter
Gesamtzeit	Begleiter

Wetter

Anstrengung

(Symbole bitte ausmalen)

Aussicht

Landschaft

Frequentierung

Zielpunkt / Zielort	
Startzeit	Ankunft am Ziel

Etappen (wenn vorhanden)

Hütten / Einkehrmöglichkeiten

Stempel / Zeichnung

Höhenprofil (am besten während der Tour ausfüllen)

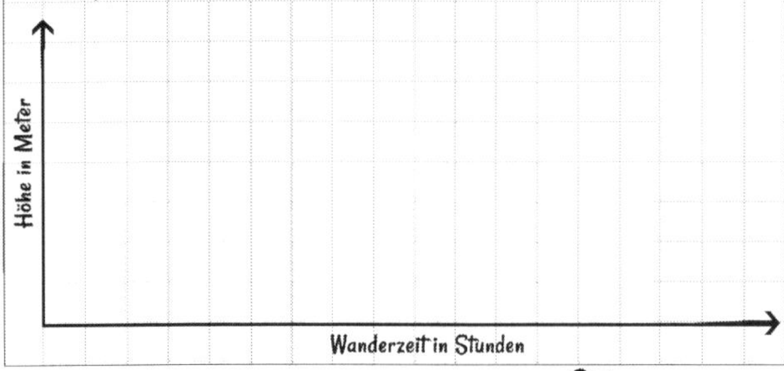

Gesamtbewertung

Kommentar

Platz für ein Foto (ca. 9 x 13 cm), Skizzen oder Gedanken

Besonderheiten / Notizen

Tour Nr.49

Ort / Gebirge	
Name der Tour Offizieller Wanderweg	

Datum	
Ausgangspunkt (Höhe)	
Art der Tour	
Distanz	Höhenmeter
Gesamtzeit	Begleiter

Wetter ○ ○ ○ ○

Anstrengung ○ ○ ○

(Symbole bitte ausmalen)

Aussicht

Landschaft

Frequentierung

Zielpunkt / Zielort	
Startzeit	Ankunft am Ziel

Etappen (wenn vorhanden)

Hütten / Einkehrmöglichkeiten

Stempel / Zeichnung

Höhenprofil (am besten während der Tour ausfüllen)

Höhe in Meter

Wanderzeit in Stunden

Gesamtbewertung

Kommentar

Platz für ein Foto (ca. 9 x 13 cm), Skizzen oder Gedanken

Besonderheiten / Notizen

Tour Nr.50

Ort / Gebirge	
Name der Tour Offizieller Wanderweg	

Datum	
Ausgangspunkt (Höhe)	
Art der Tour	
Distanz	Höhenmeter
Gesamtzeit	Begleiter

Wetter ○ ○ ○ ○

Anstrengung ○ ○ ○

(Symbole bitte ausmalen)

Aussicht

Landschaft

Frequentierung

Zielpunkt / Zielort	
Startzeit	Ankunft am Ziel

Etappen (wenn vorhanden)

Hütten / Einkehrmöglichkeiten

Stempel / Zeichnung

Höhenprofil (am besten während der Tour ausfüllen)

Höhe in Meter

Wanderzeit in Stunden

Gesamtbewertung

Kommentar

Platz für ein Foto (ca. 9 x 13 cm), Skizzen oder Gedanken

Besonderheiten / Notizen

Notizen

__________ Kilometer bin ich insgesamt gewandert

__________ Kilometer möchte ich im nächsten Jahr wandern

Meine persönlichen Rekorde

_____ Kilometer an einem Tag

_____ Kilometer in einer Woche

_____ Kilometer in einem Monat

_____ Kilometer in einem Jahr

_____ Höhenmeter (+) bei einer Wanderung

_____ Höhenmeter (-) bei einer Wanderung

_____ (echte) Gipfel bei nur einer Wanderung

_____ Höhenmeter in einem Jahr

Das war meine schönste Wanderung __________

Grund __________

____

Hier möchte ich noch wandern

Hier möchte ich noch wandern

Notizen

Notizen

Notizen

Notizen

Notizen

Notizen

Notizen

Notizen

Wandertagebuch

MEINE WANDERUNGEN

Hat Ihnen das Buch gefallen?

Dann würde ich mich sehr über eine Weiterempfehlung freuen.
Bewerten Sie gerne das Buch bei Onlinekauf und lassen Sie Feedback, Lob, Kritik Korrekturen und Verbesseungsvorschläge da.
Gerne auch per E-Mail an buchbewertung@gmail.com

So können Sie die nächste Auflage aktiv mitgestalten!

Steffen Jahns
Am Weinberg 19b
21079 Hamburg

E-Mail: buchbewertung@gmail.com
ISBN: 9798610607375

Printed in Poland
by Amazon Fulfillment
Poland Sp. z o.o., Wrocław

31833921R00070